Livre de coloriage de

Licorne

Coloring Pages for Kids

Coloring Pages for Kids
An imprint of Ciparum LLC

Livre de coloriage de licorne
© 2017 Ciparum LLC
All rights reserved.
ISBN-10:1-63589-426-3
ISBN-13:978-1-63589-426-4

Coloring Pages for Kids

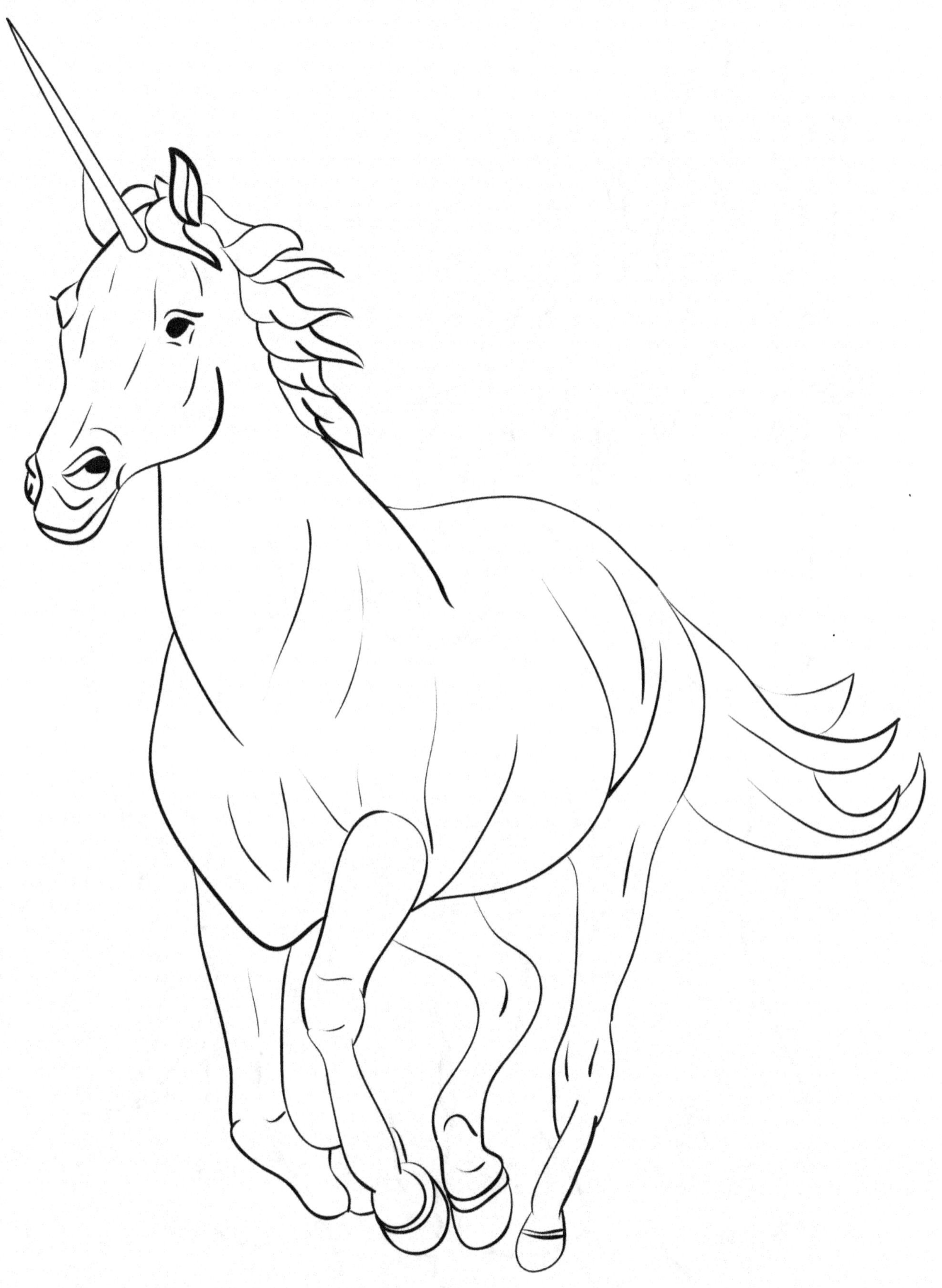

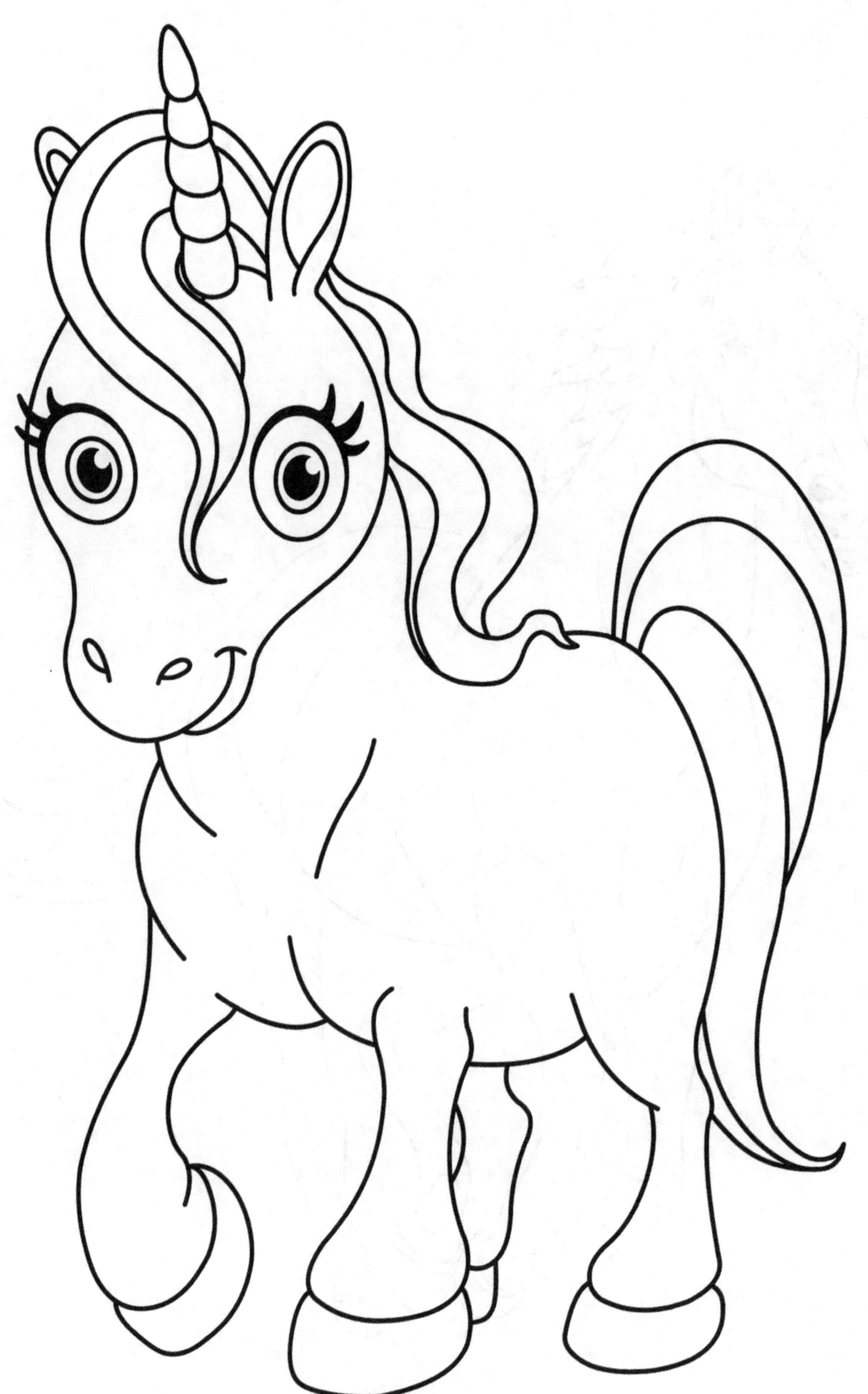

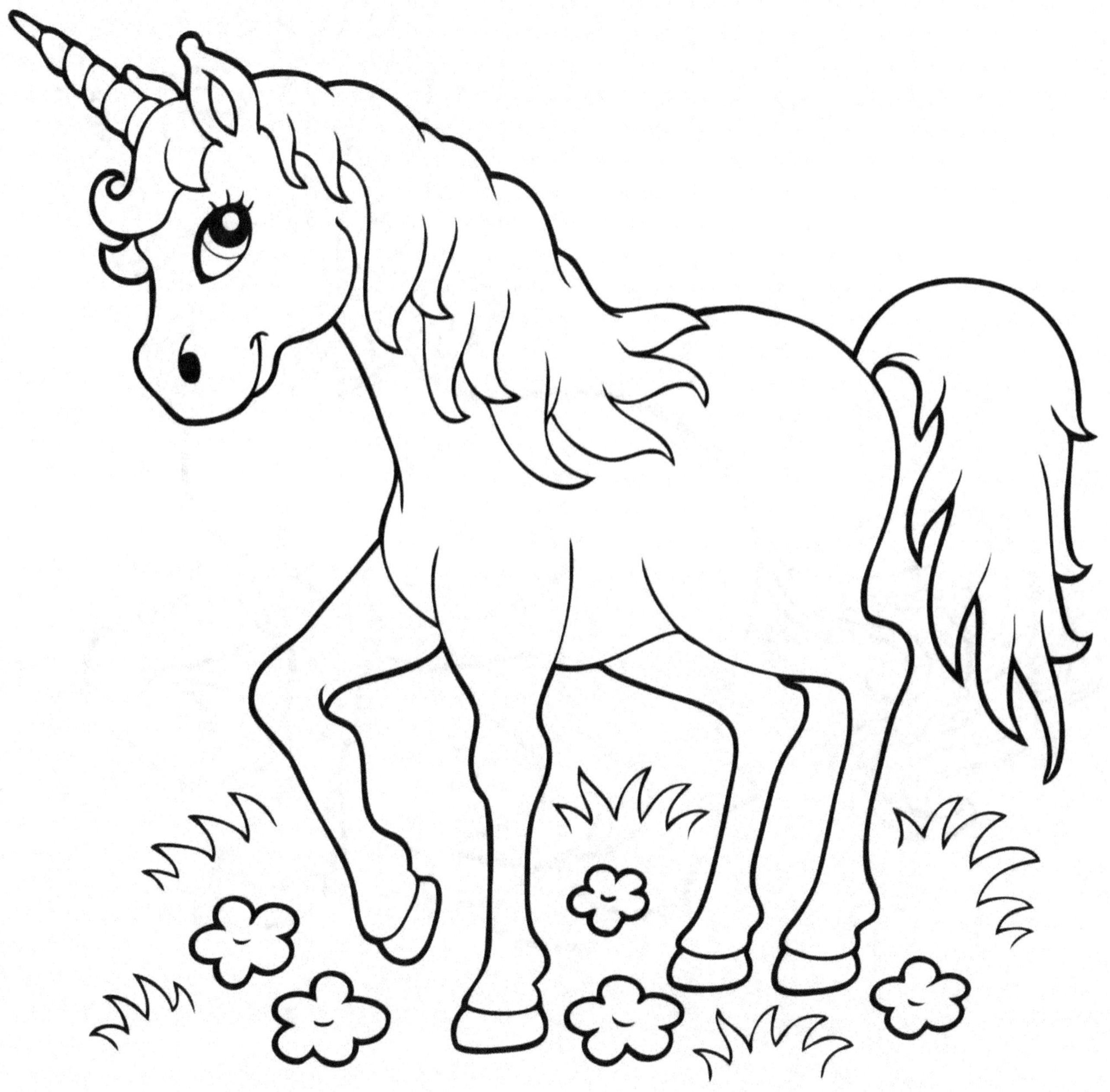

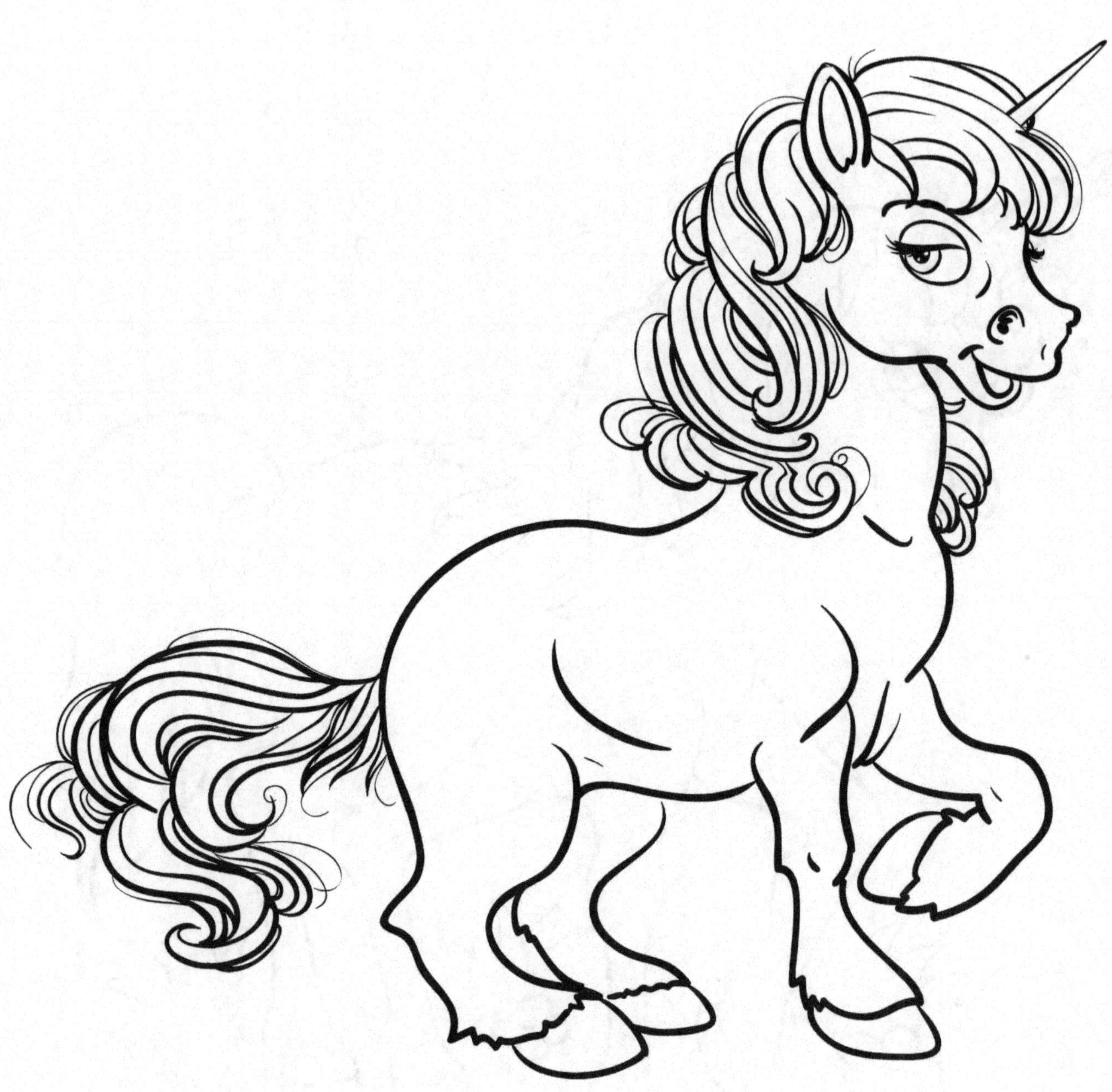

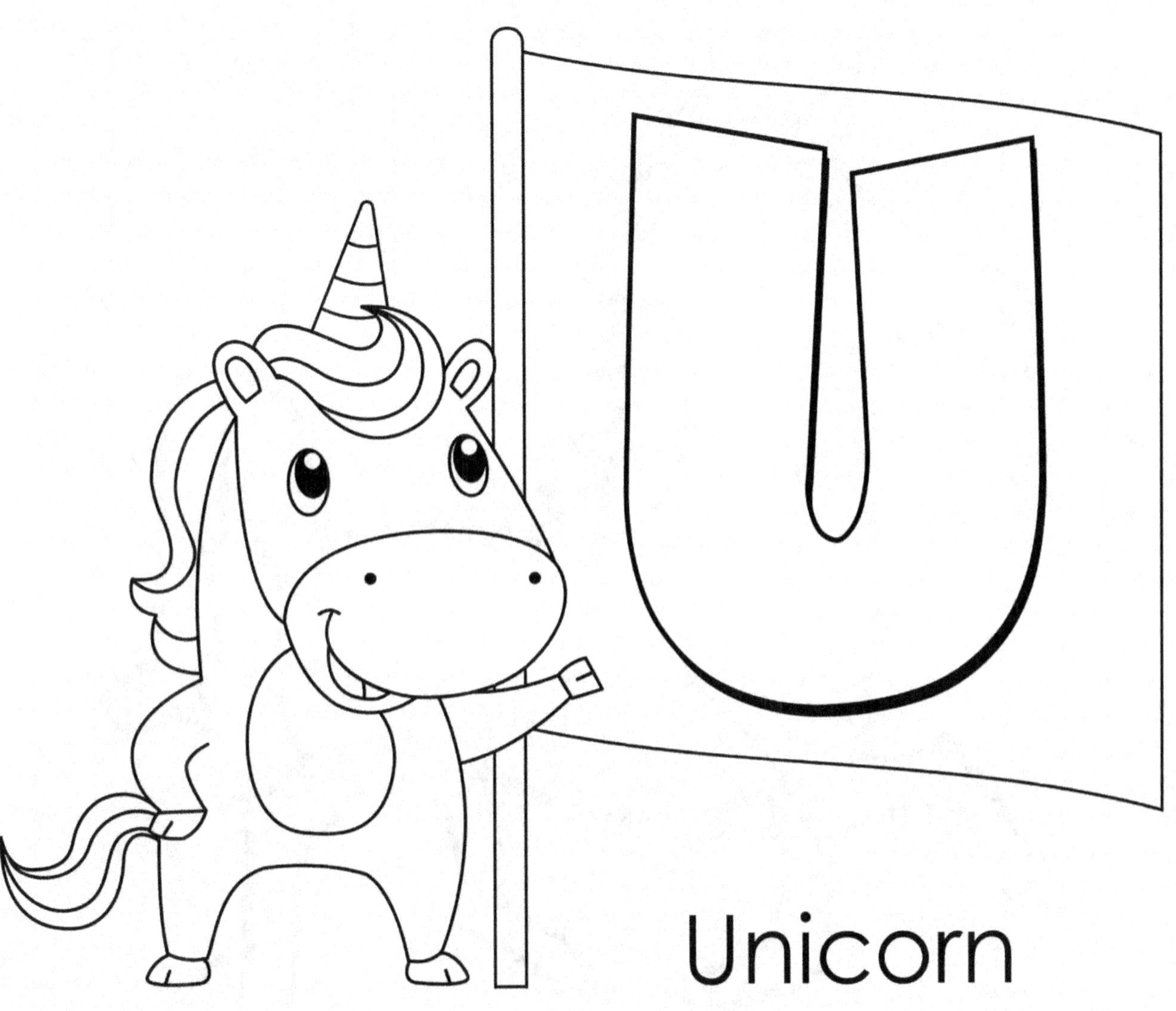

Unicorn

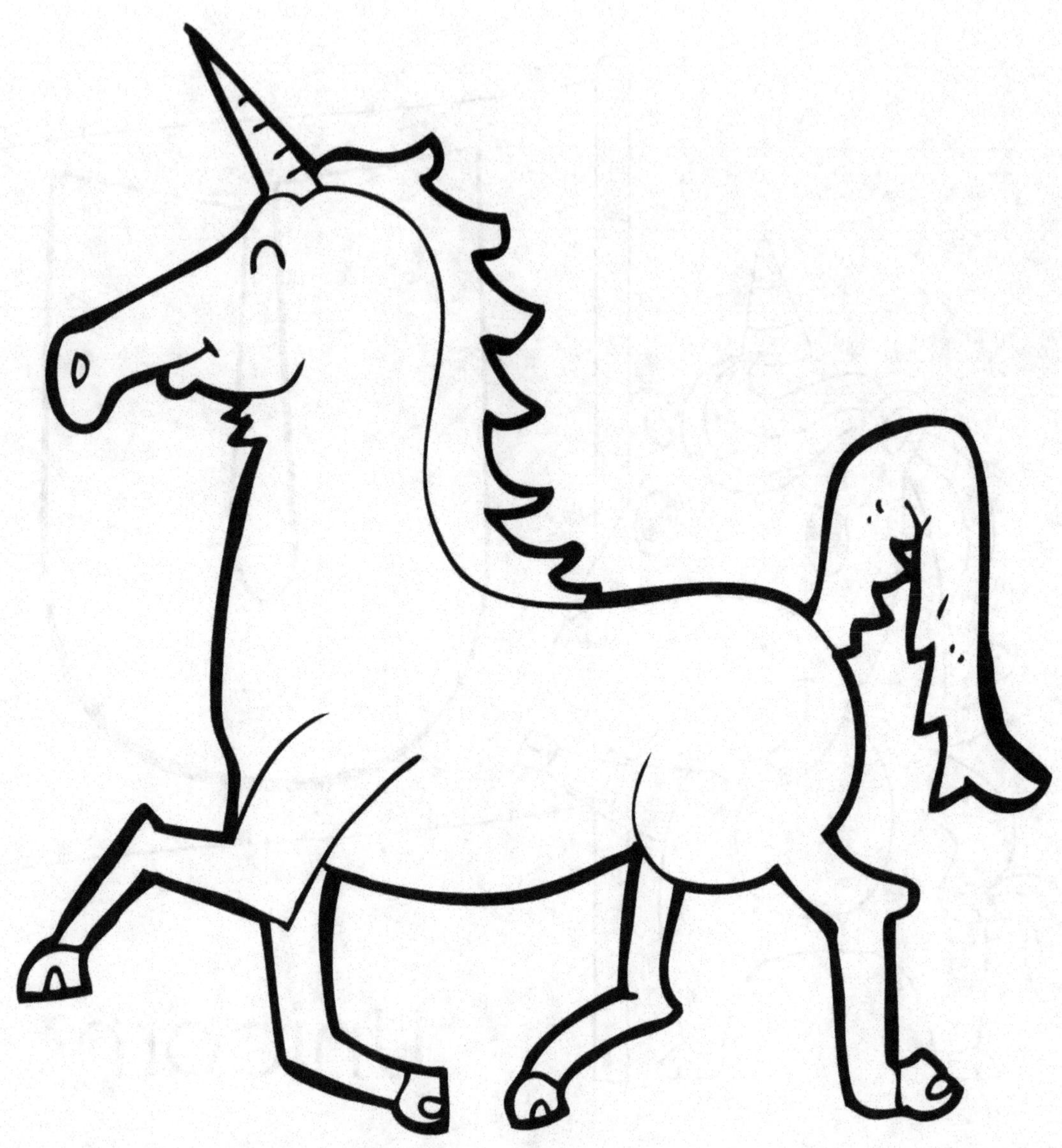

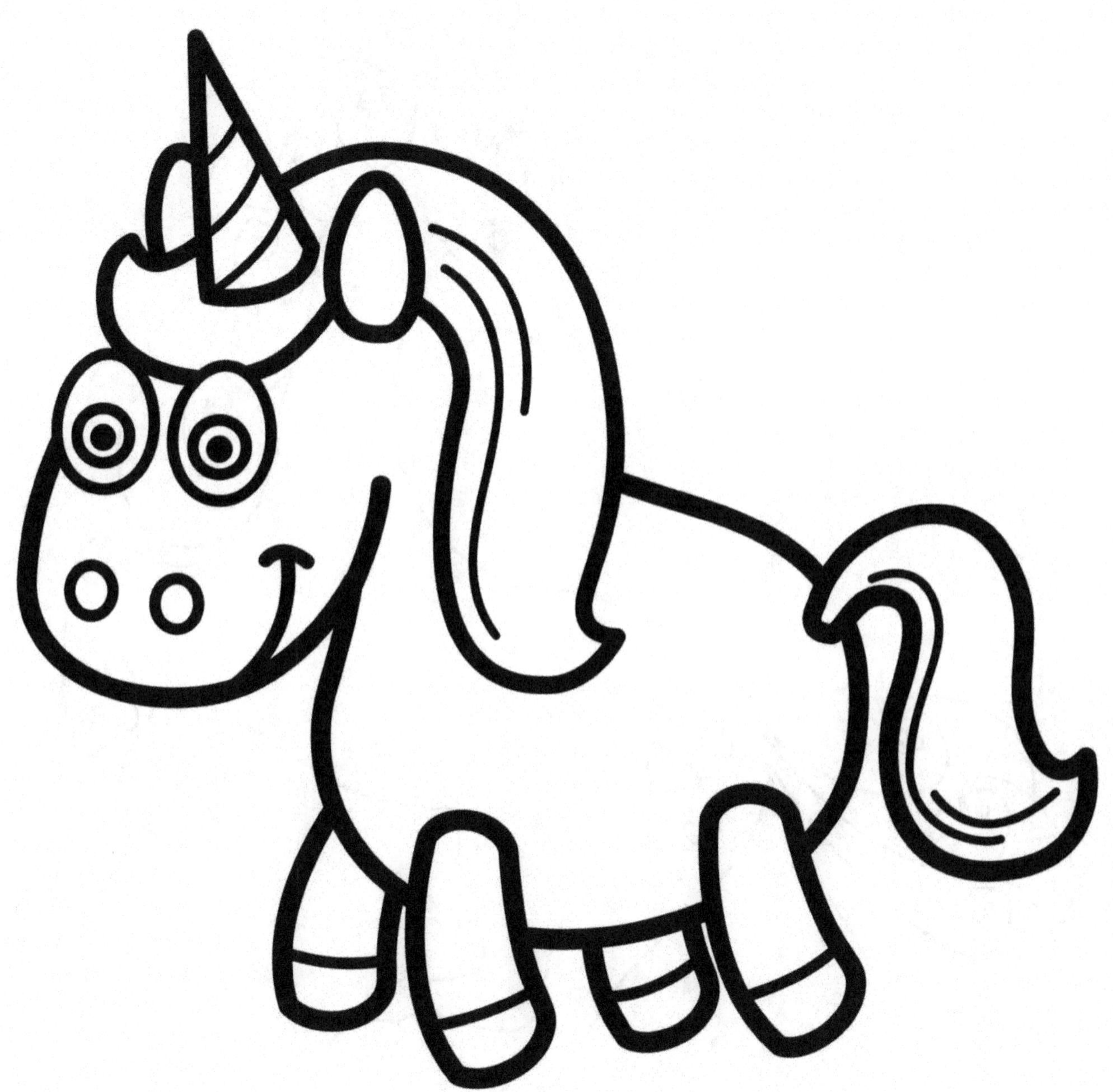

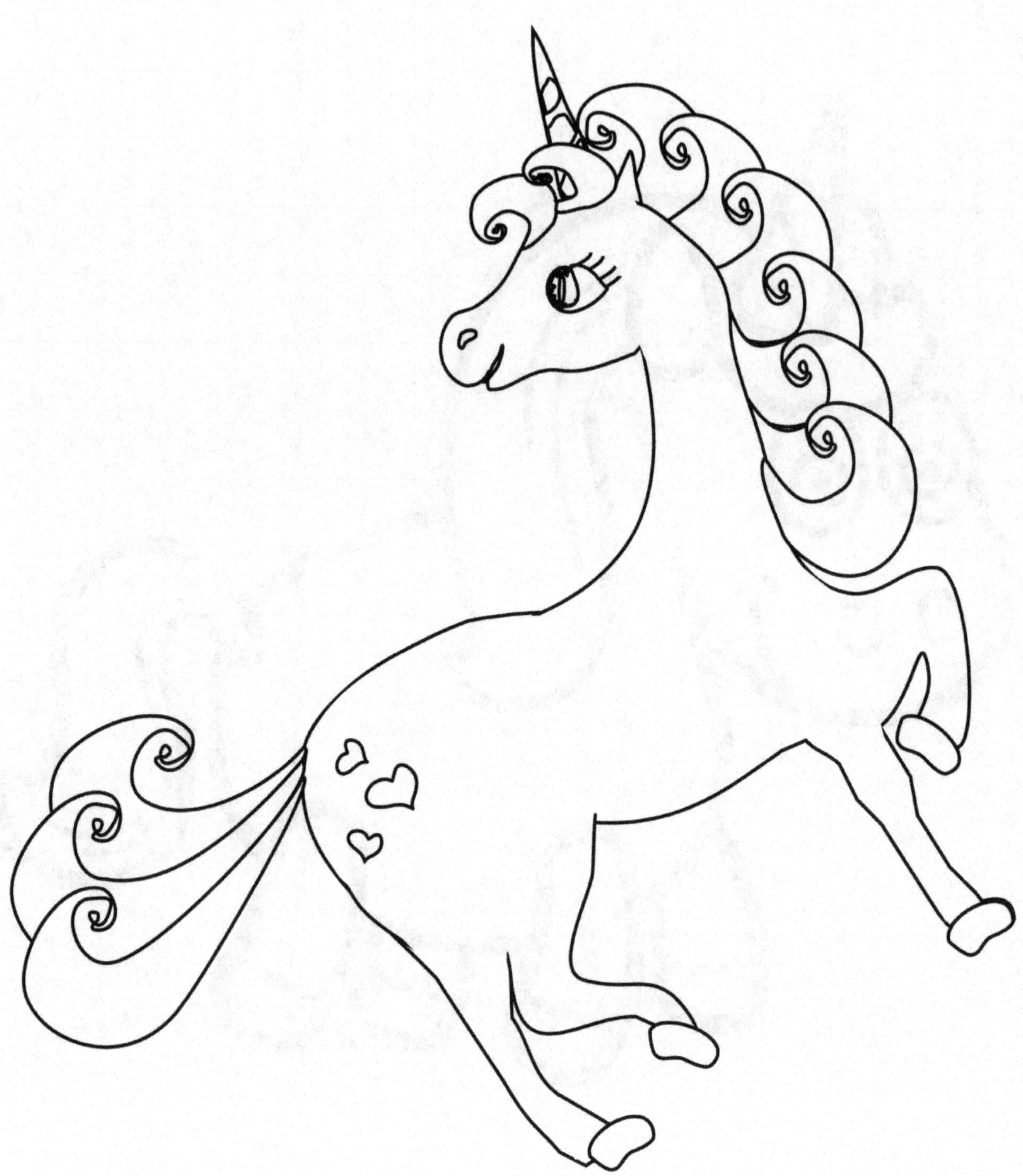

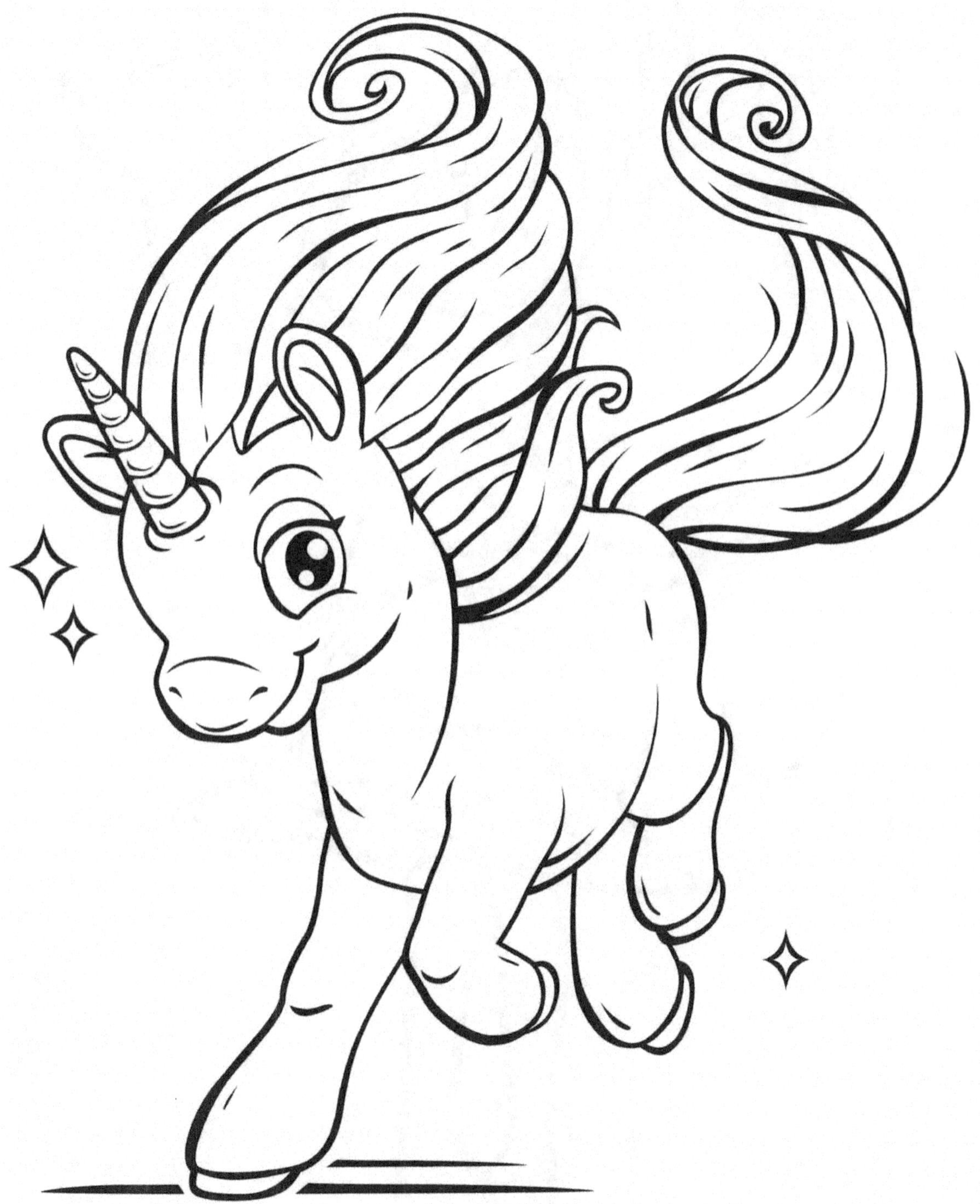

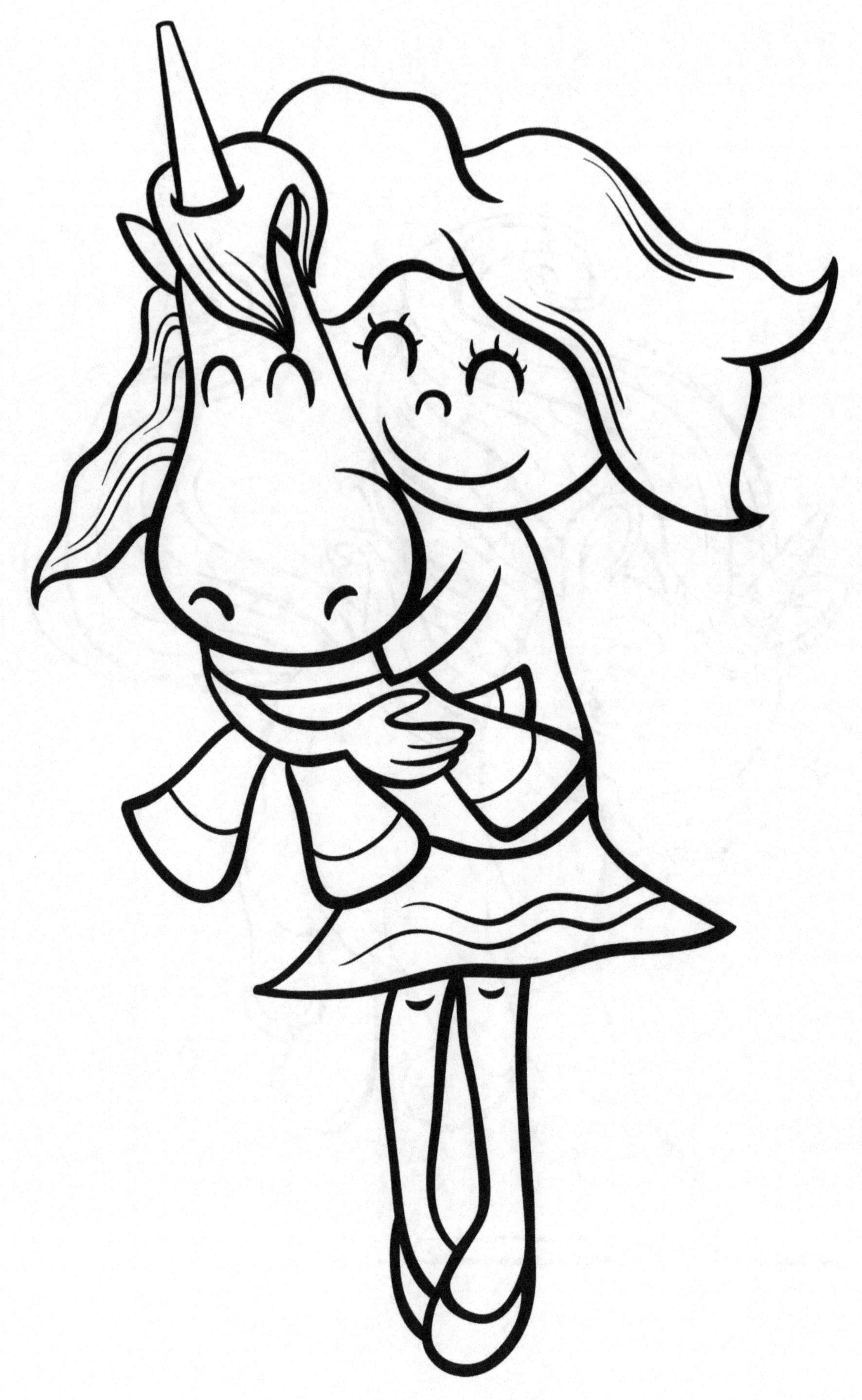

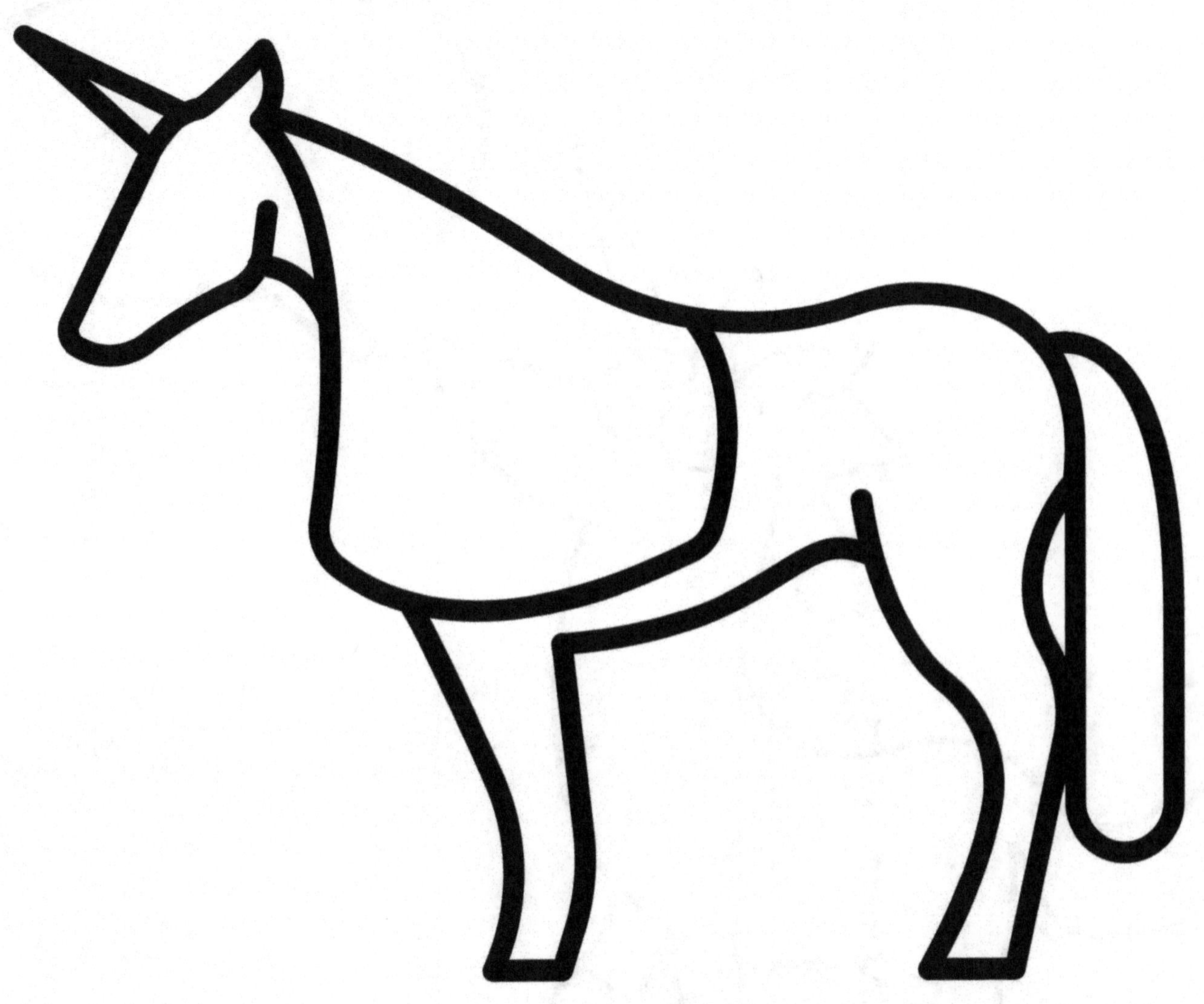

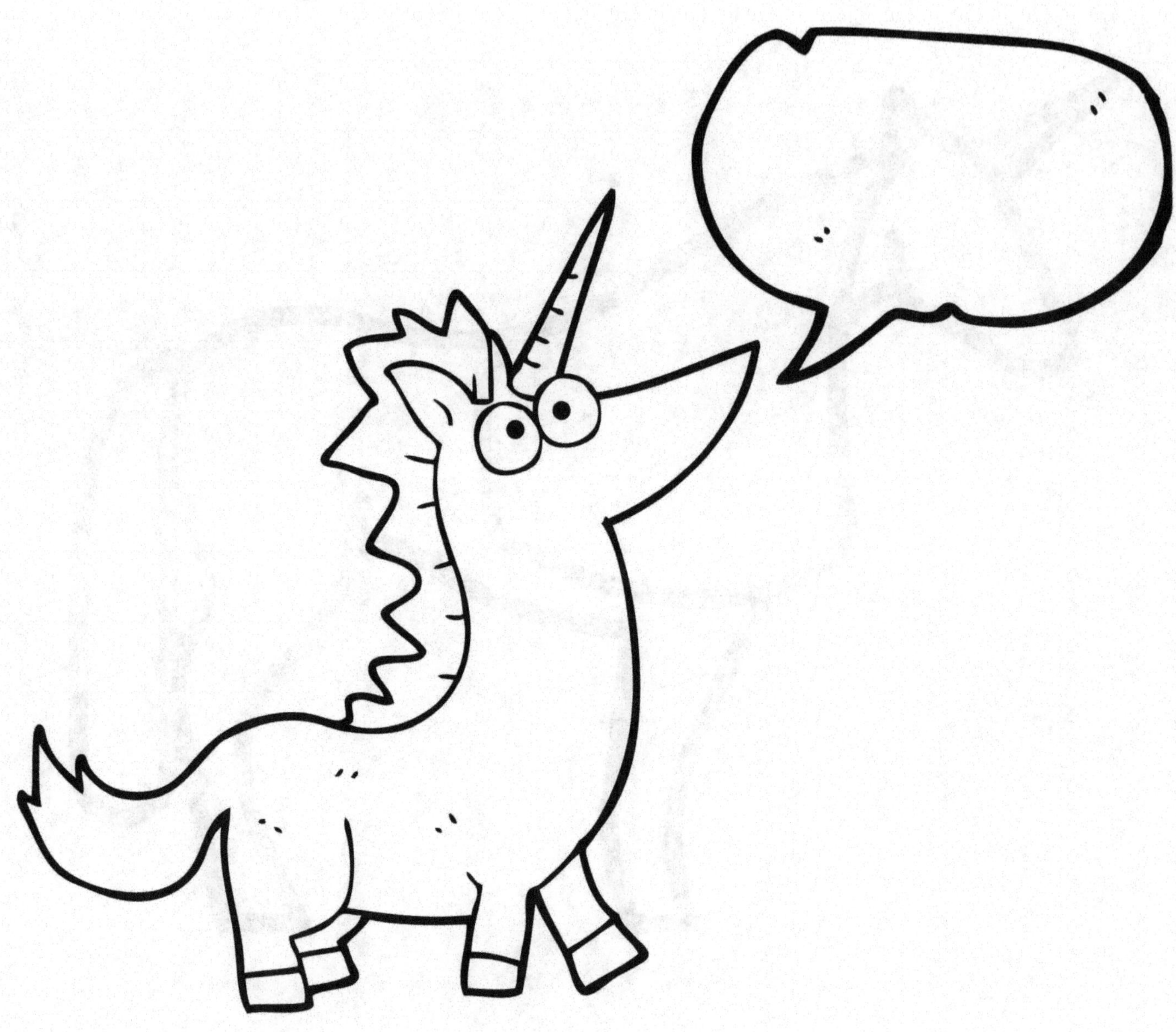

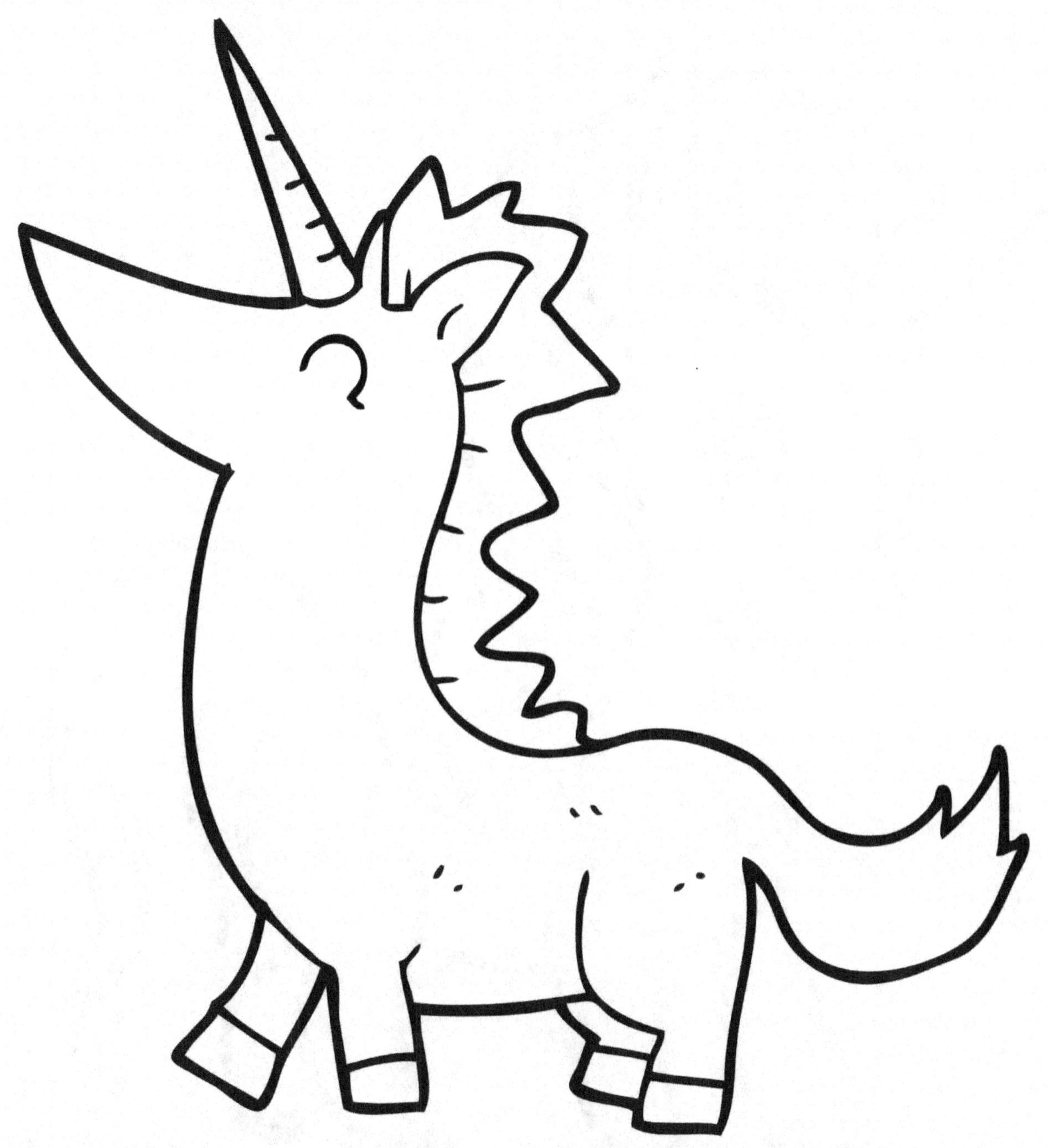

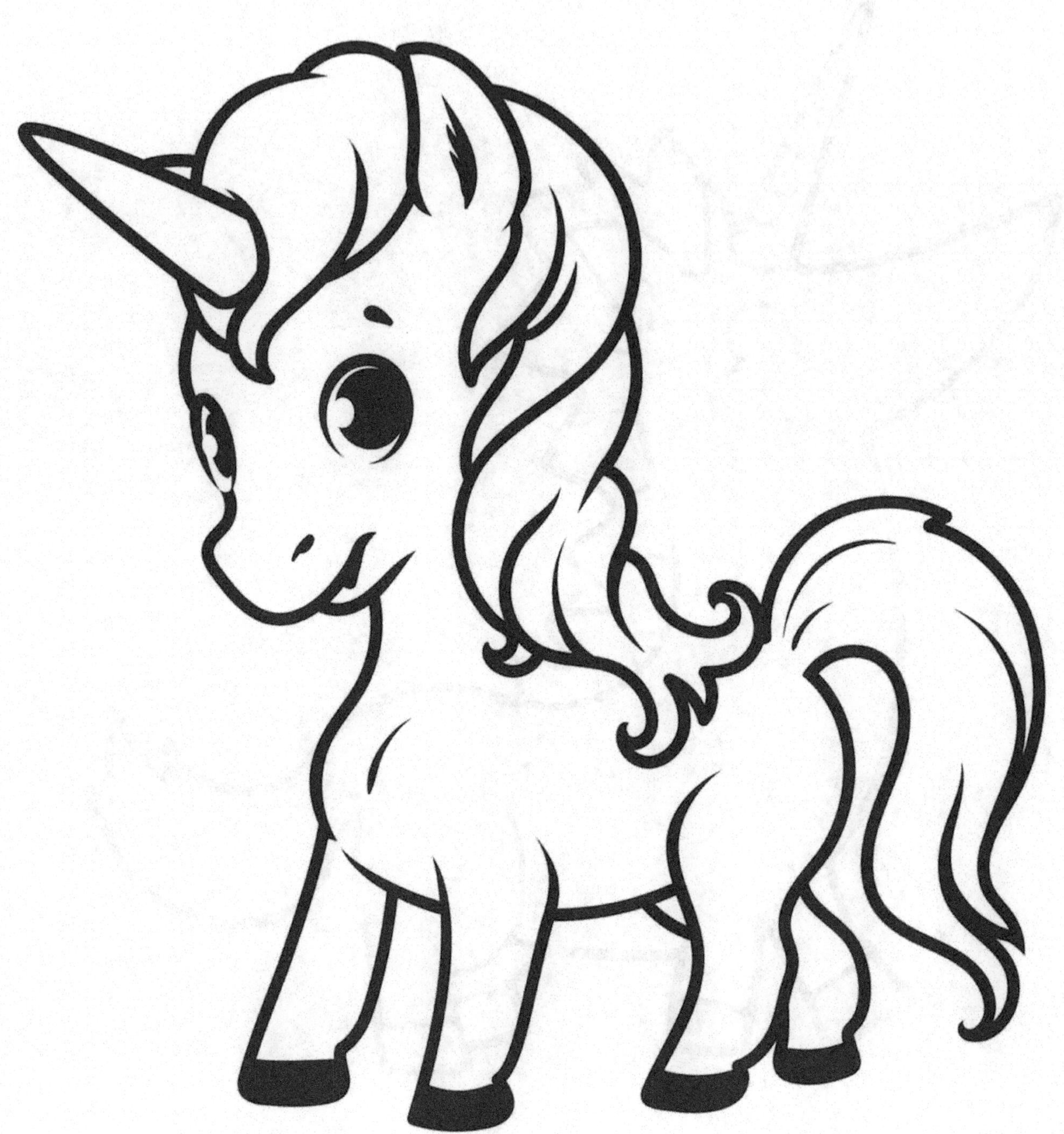

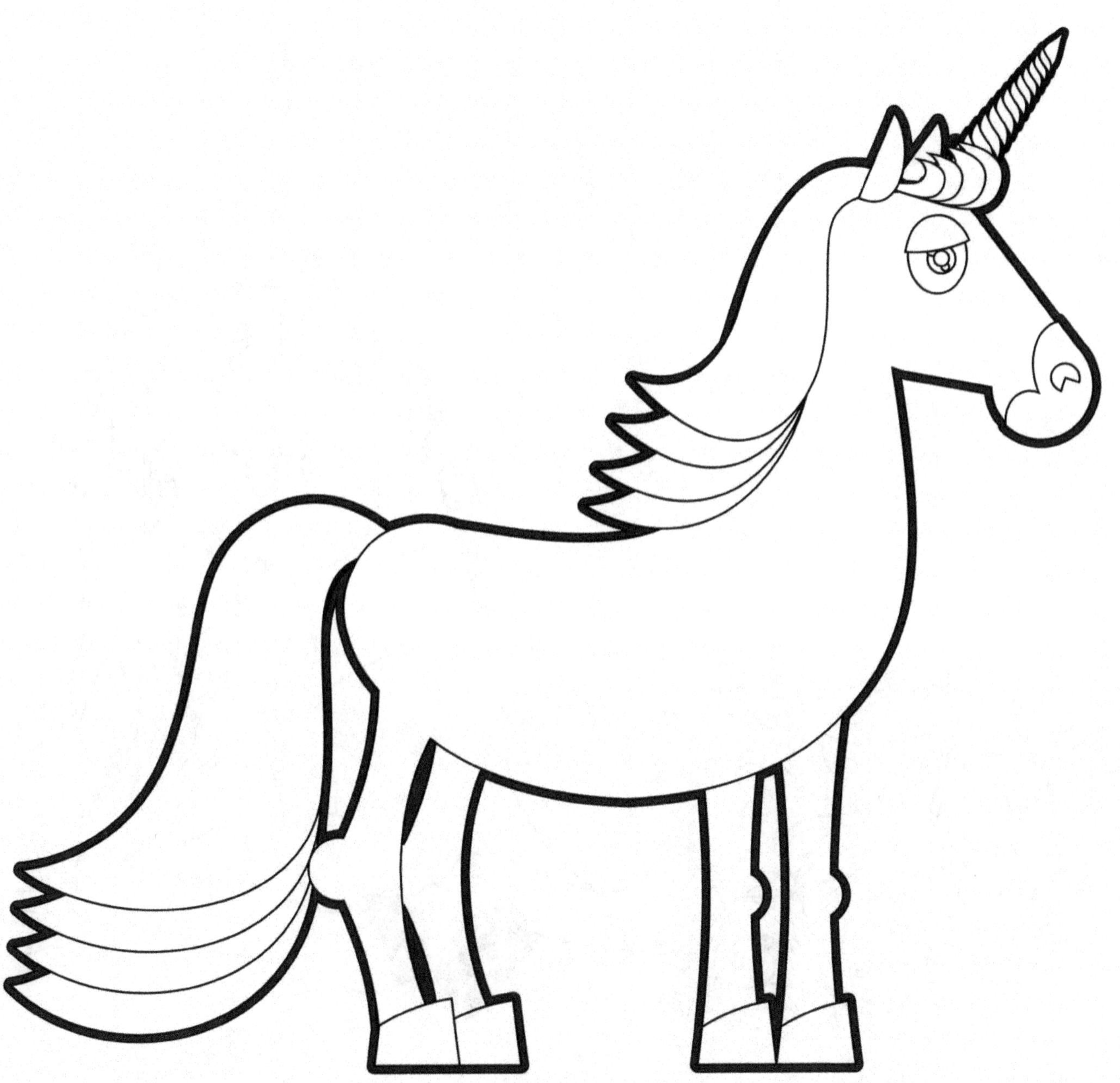

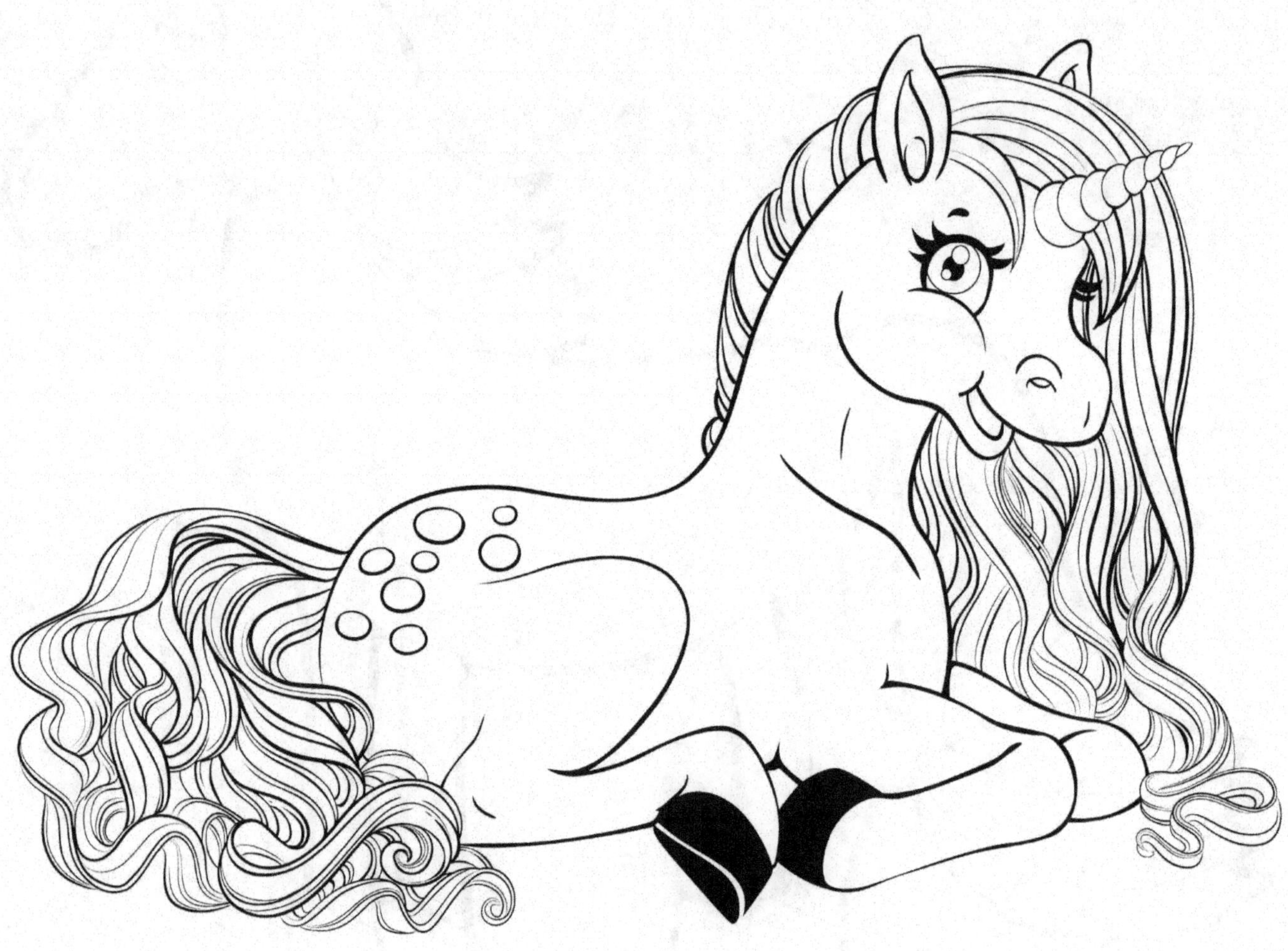

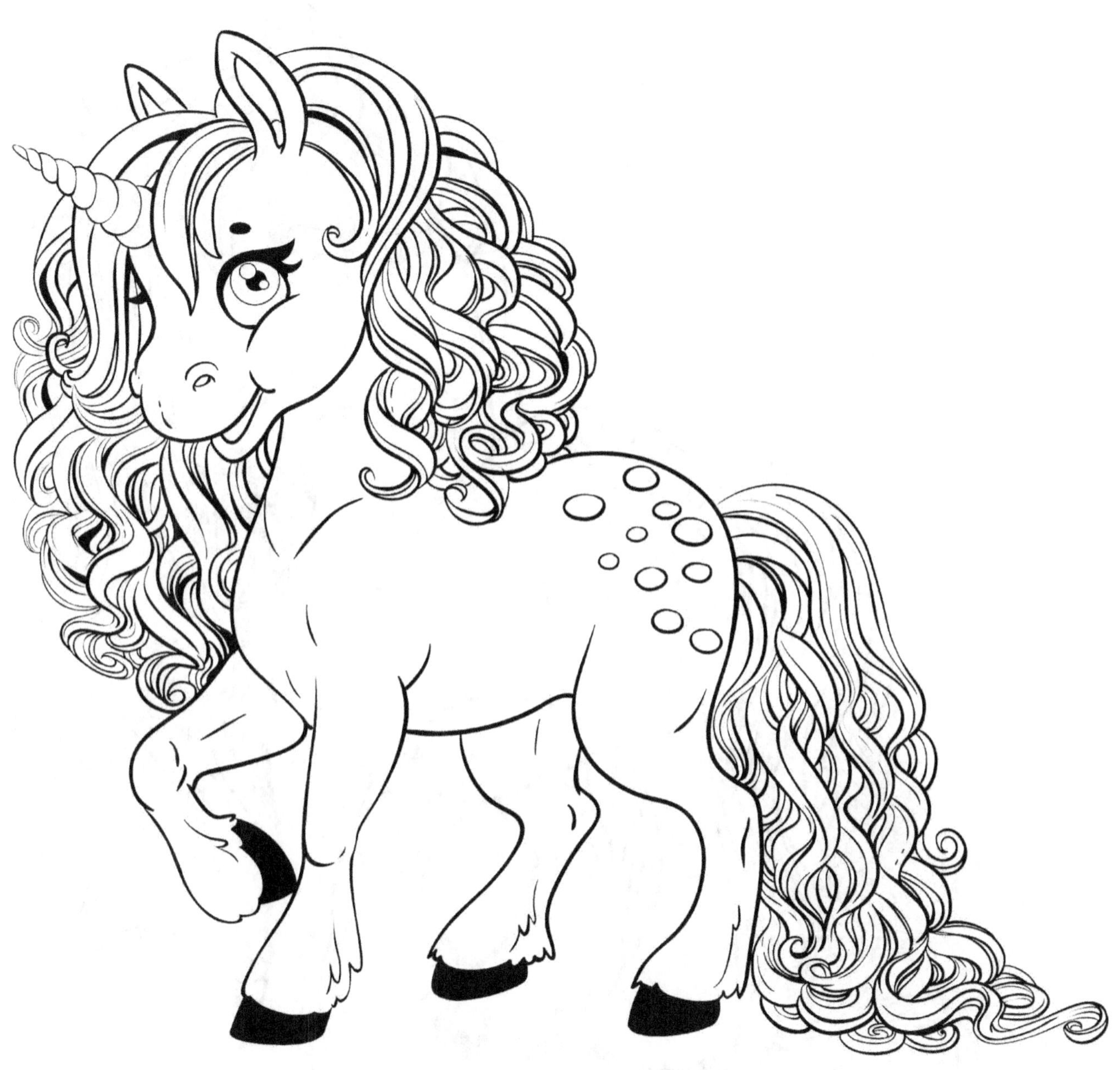

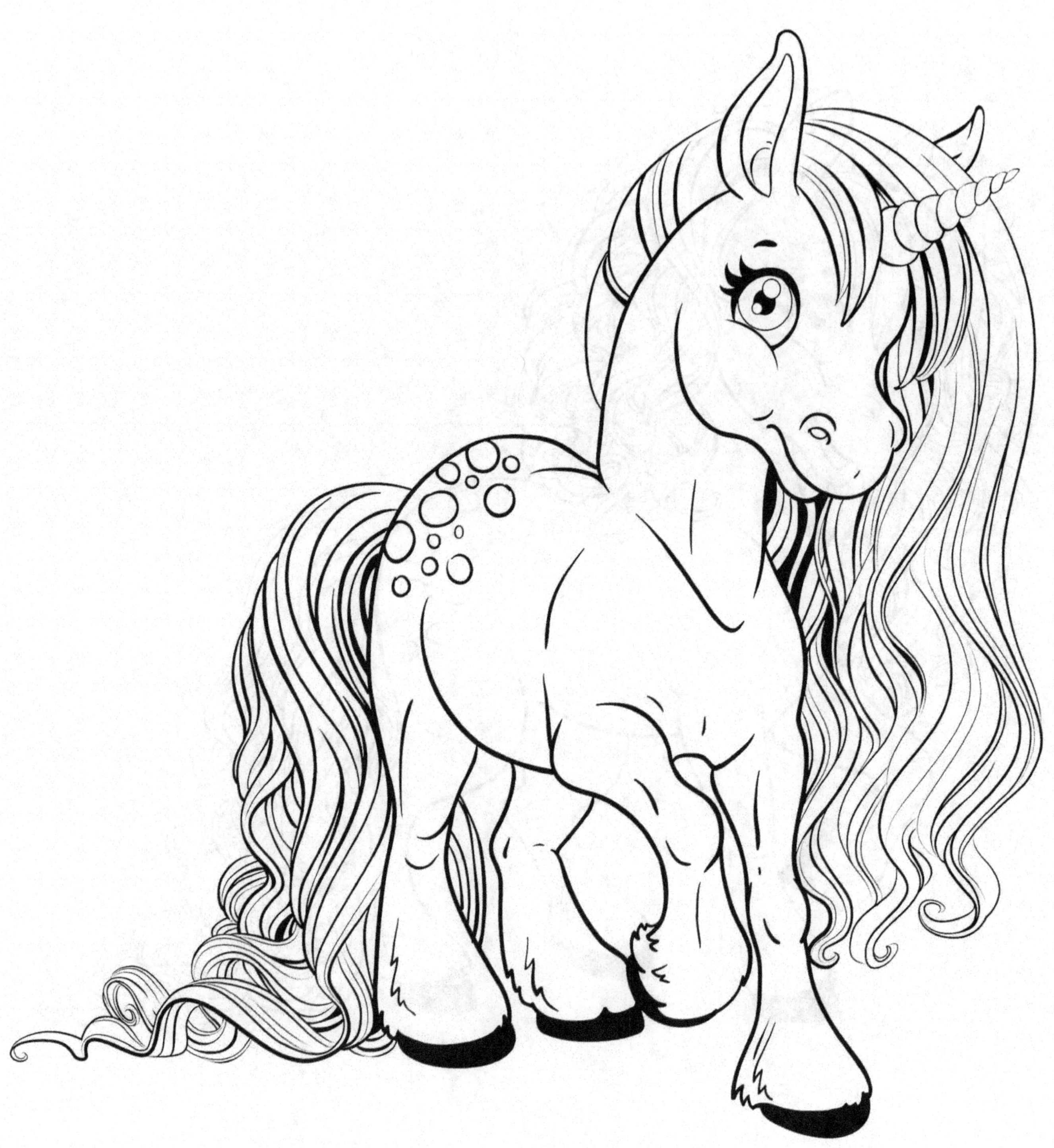

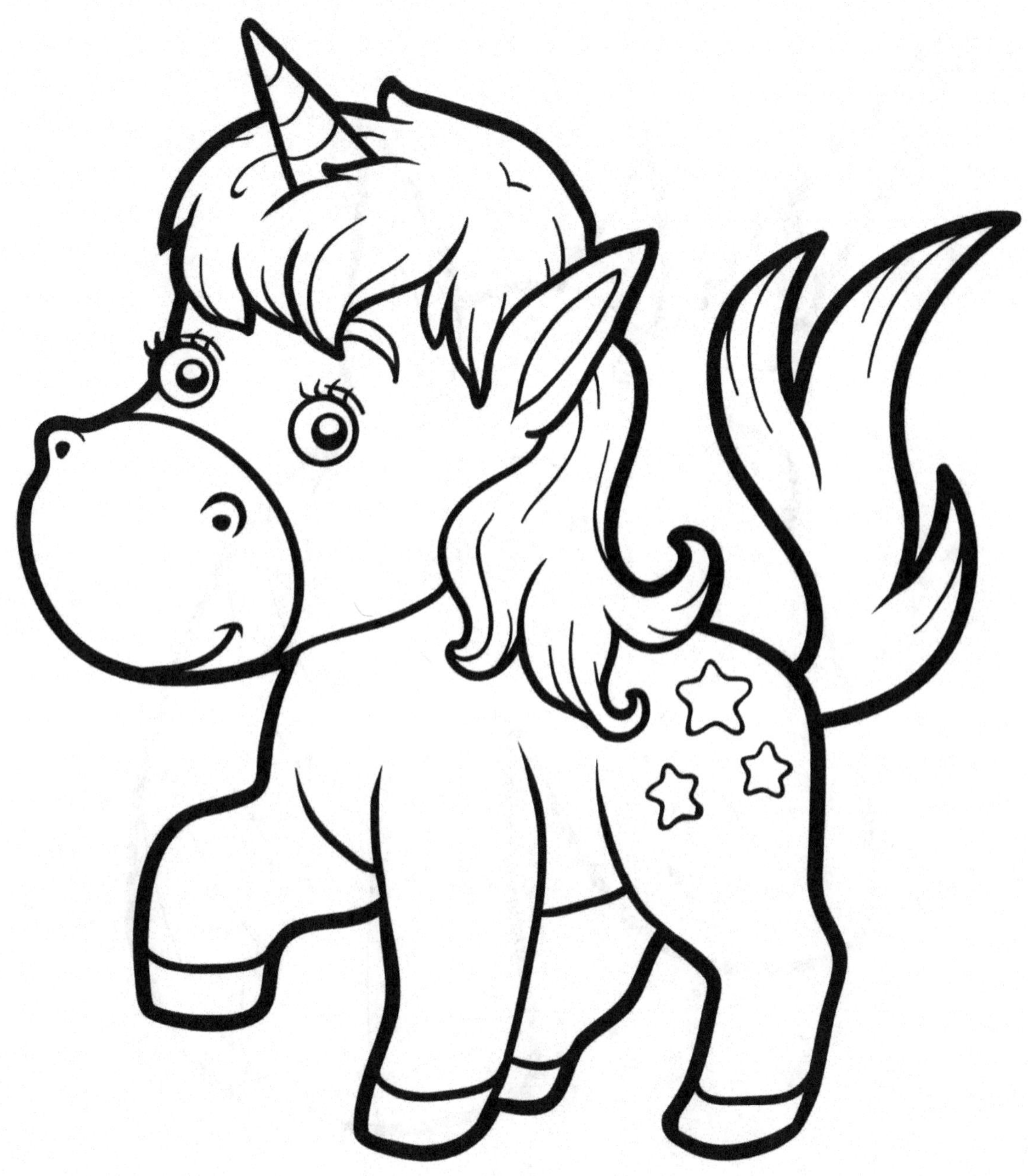

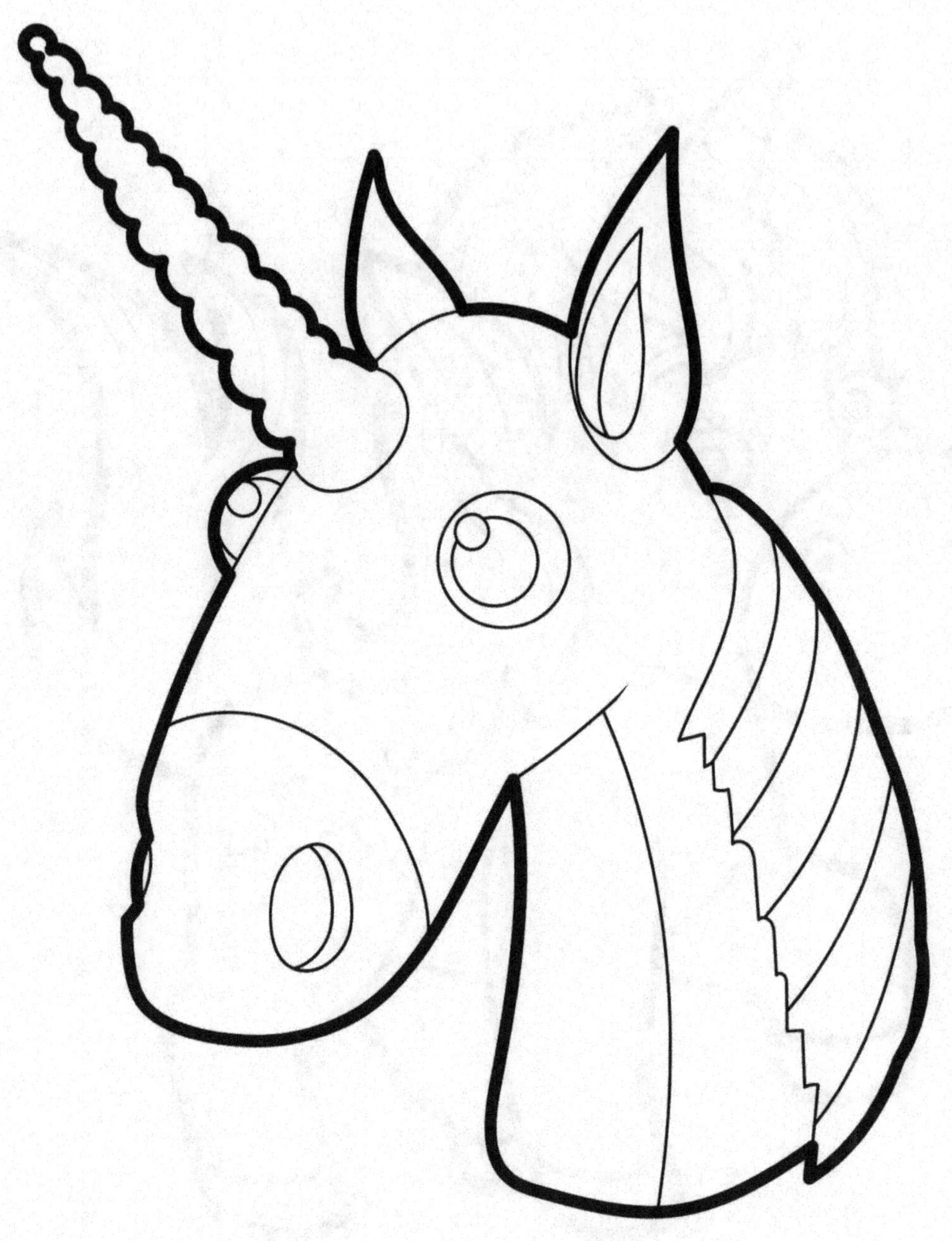

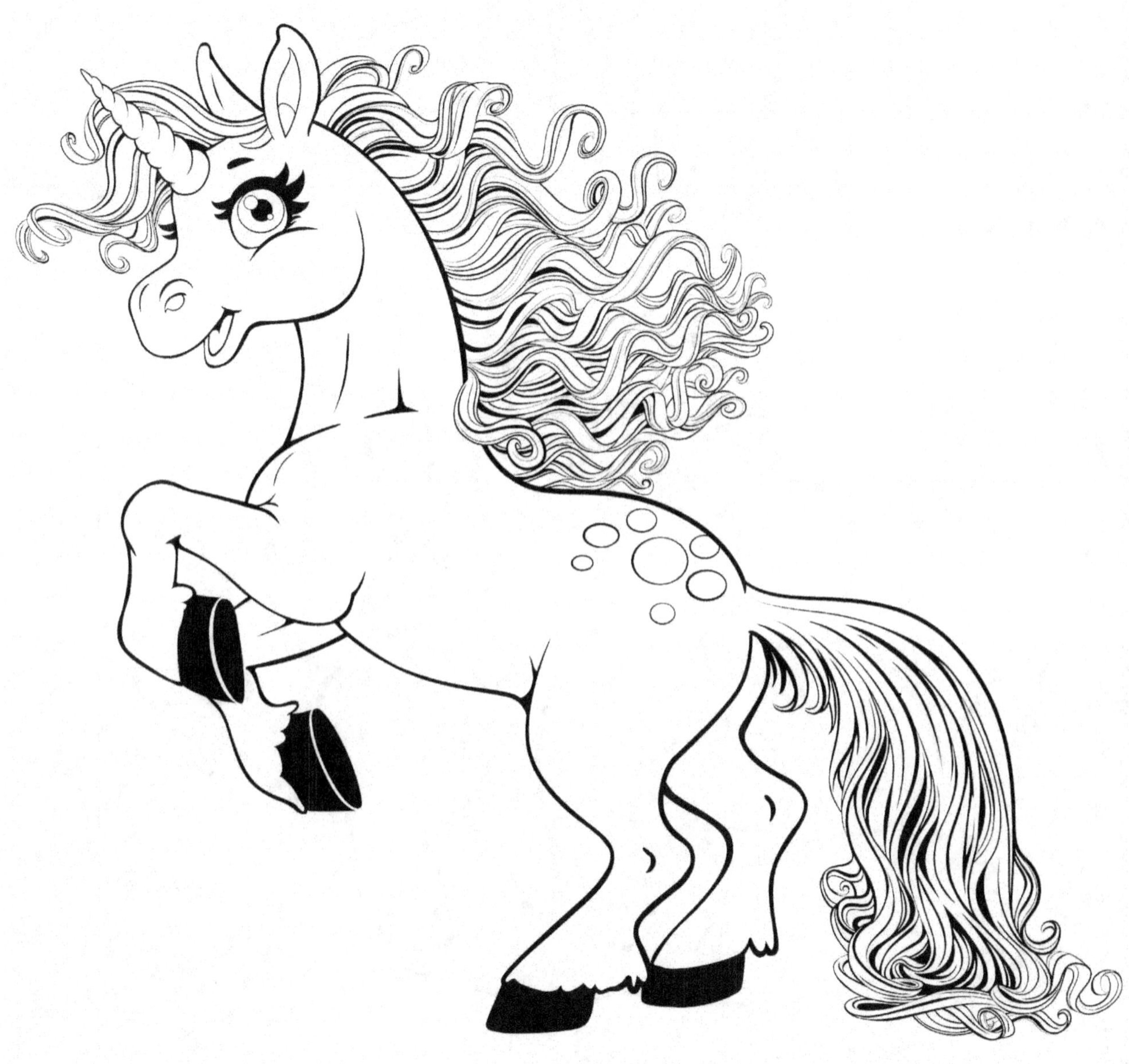

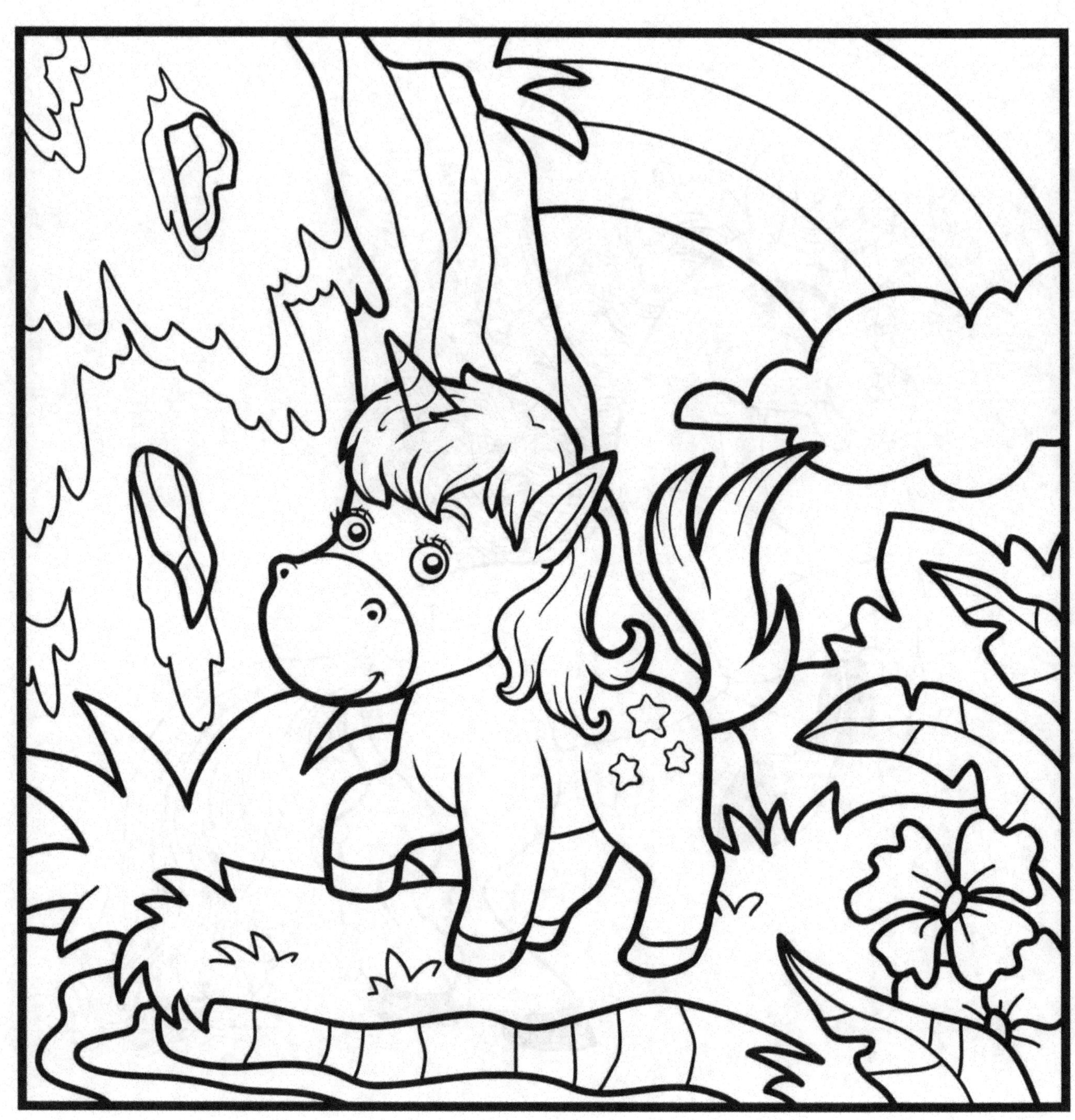

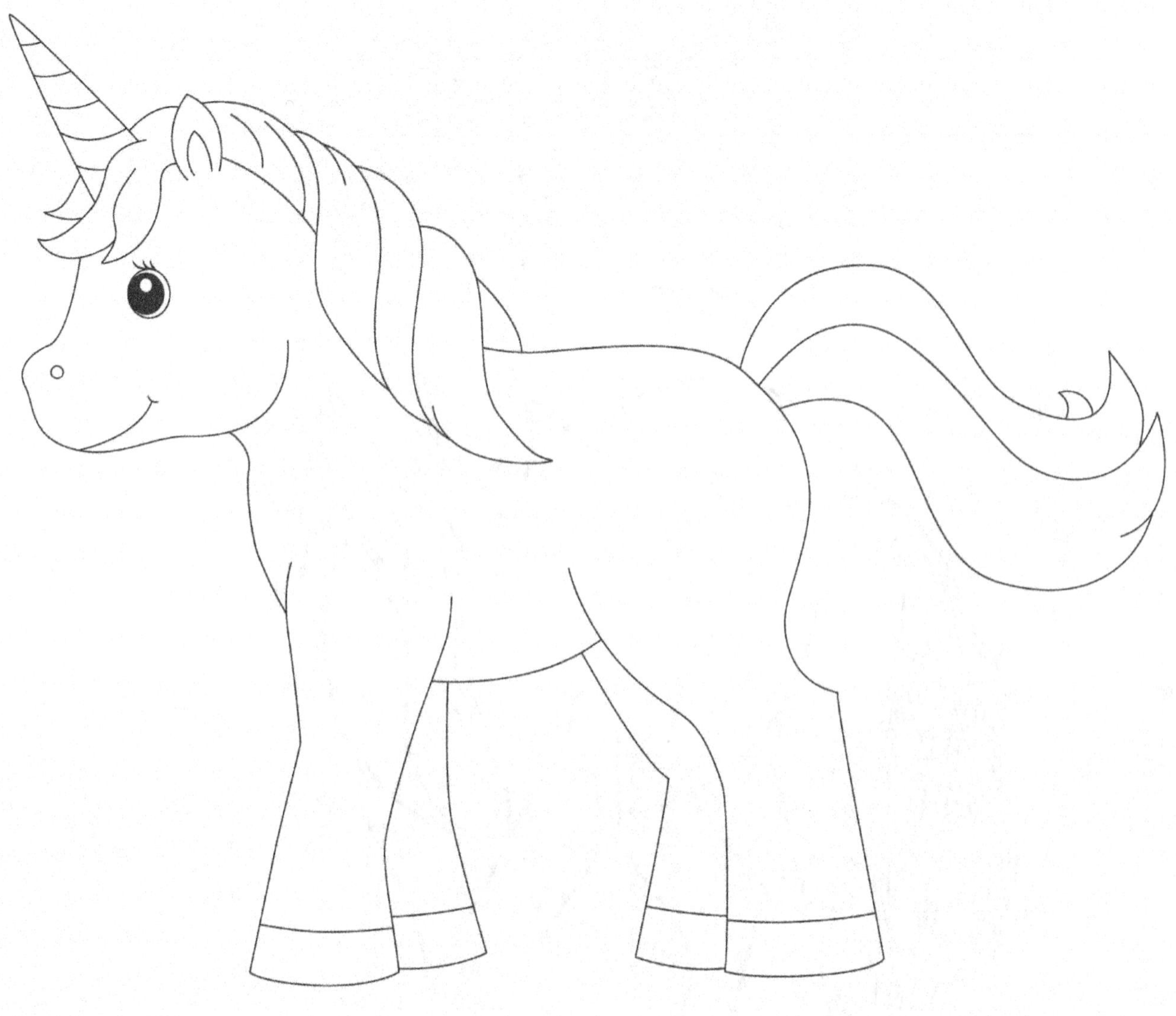

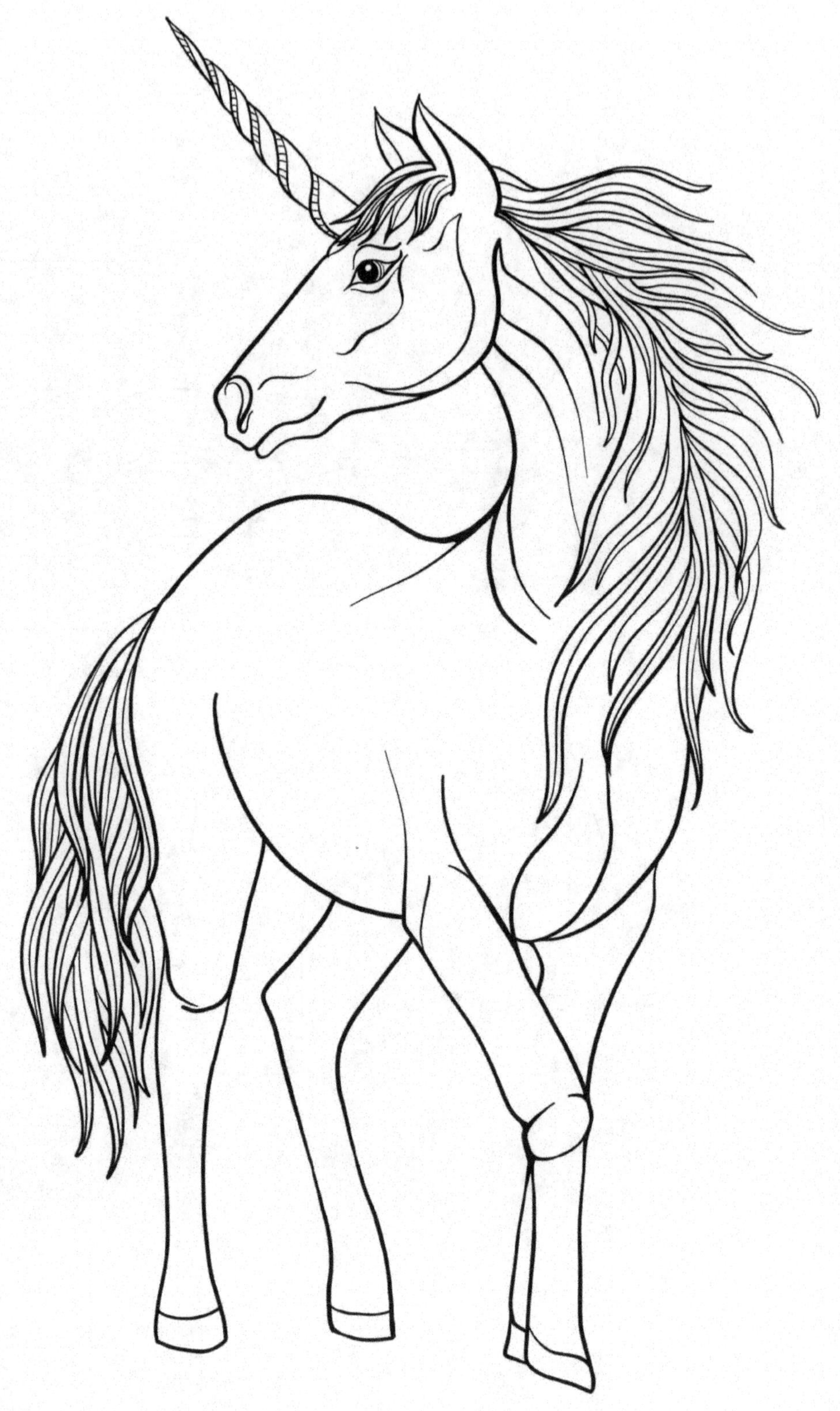

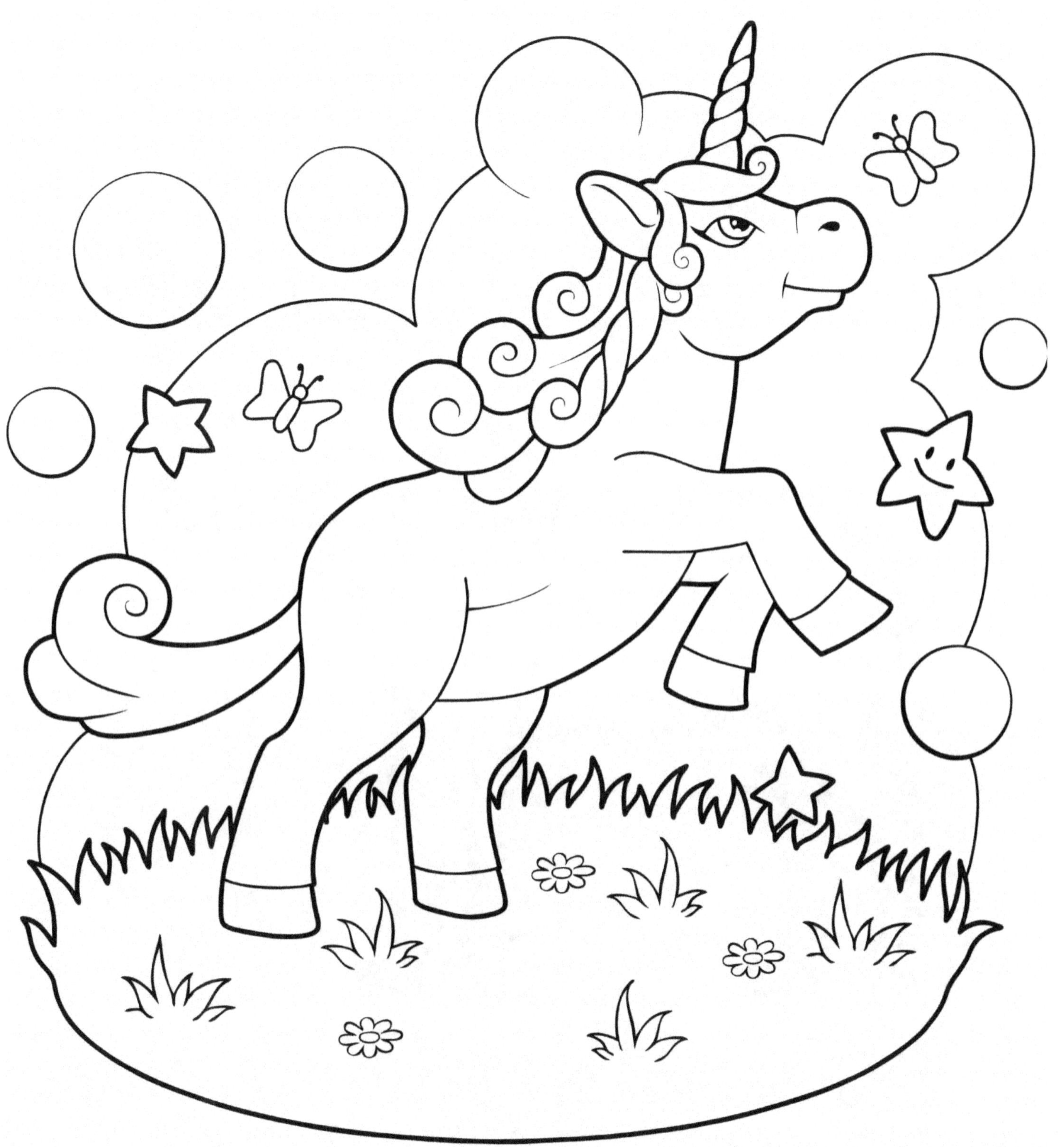

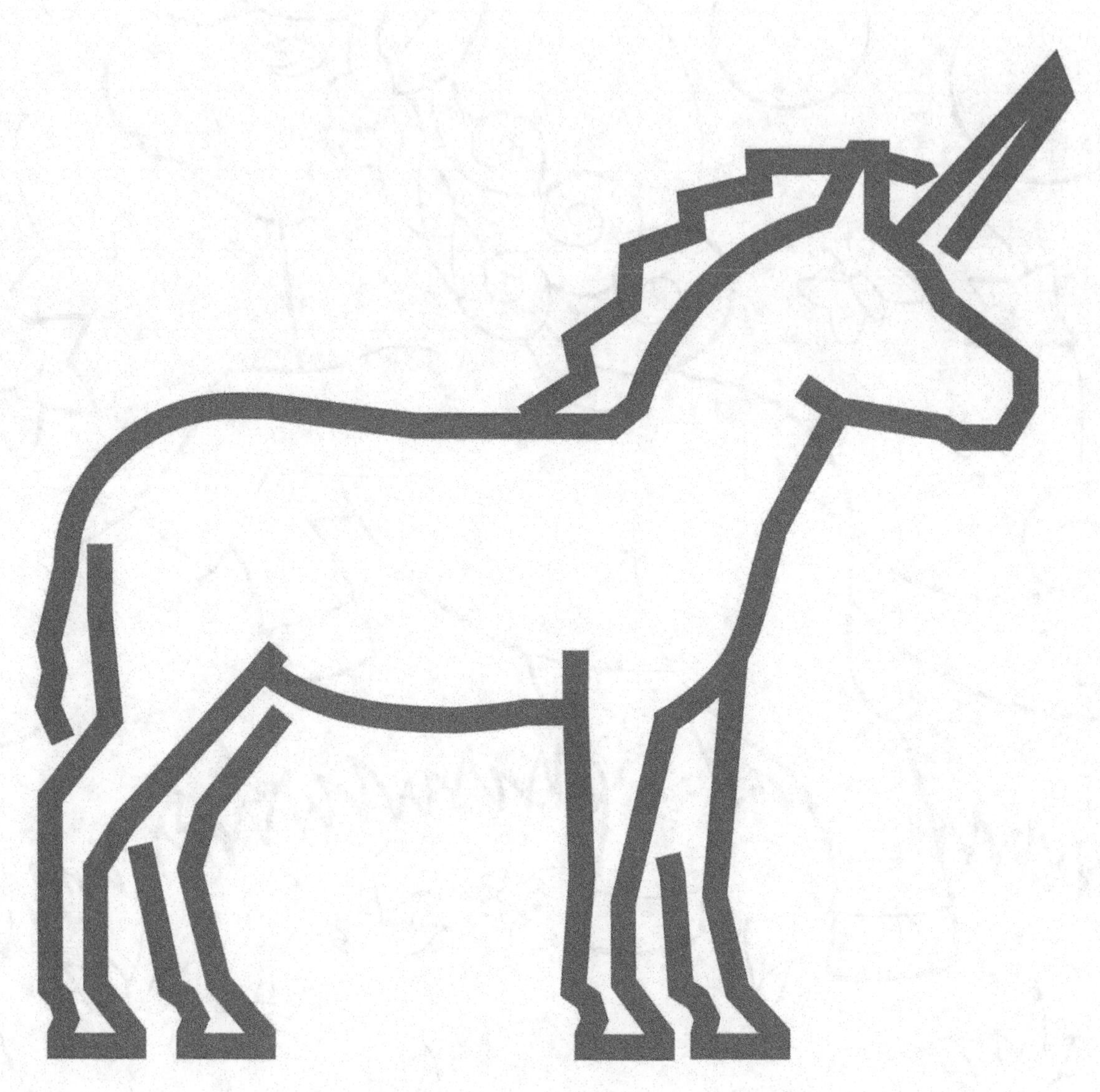

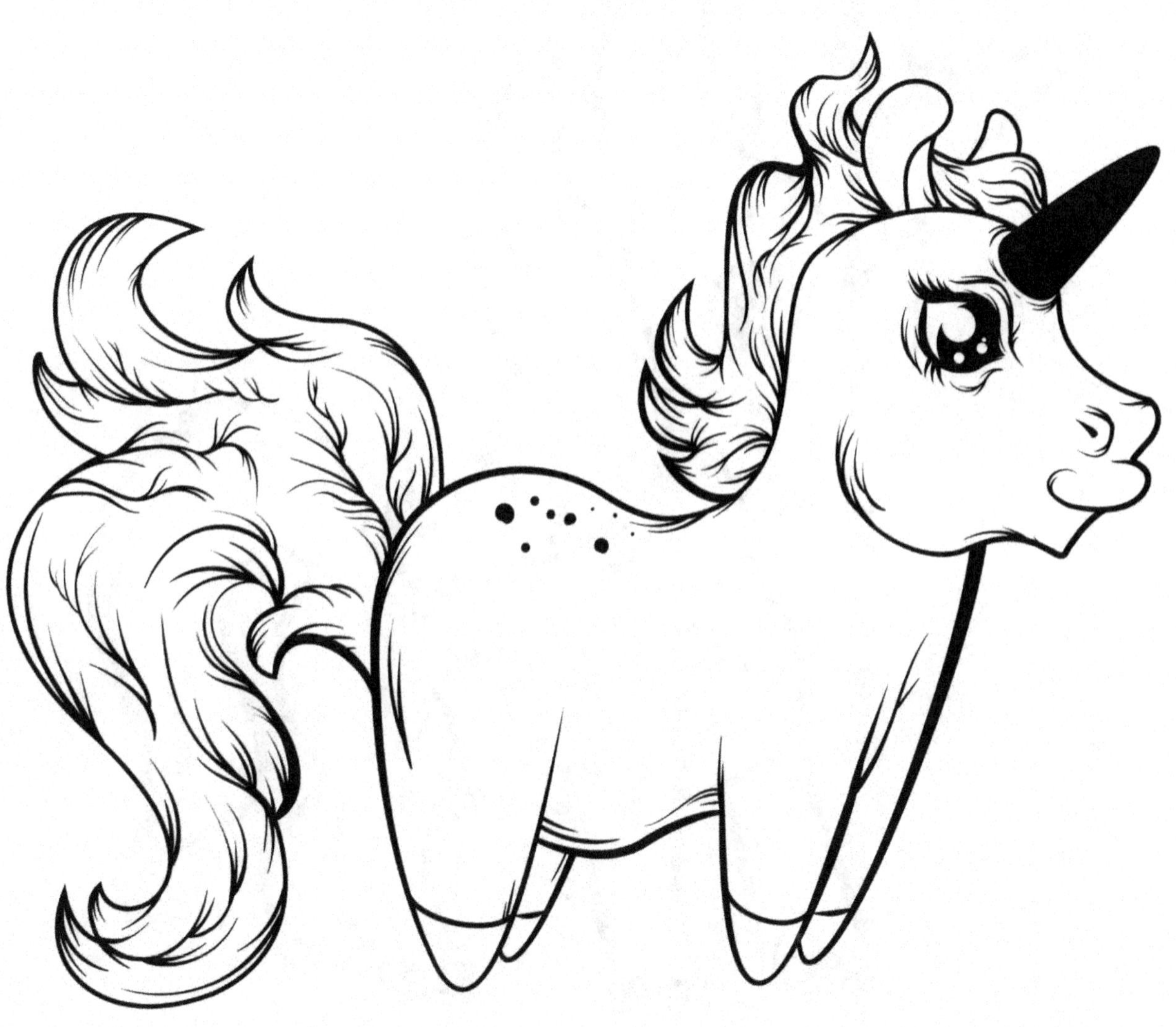

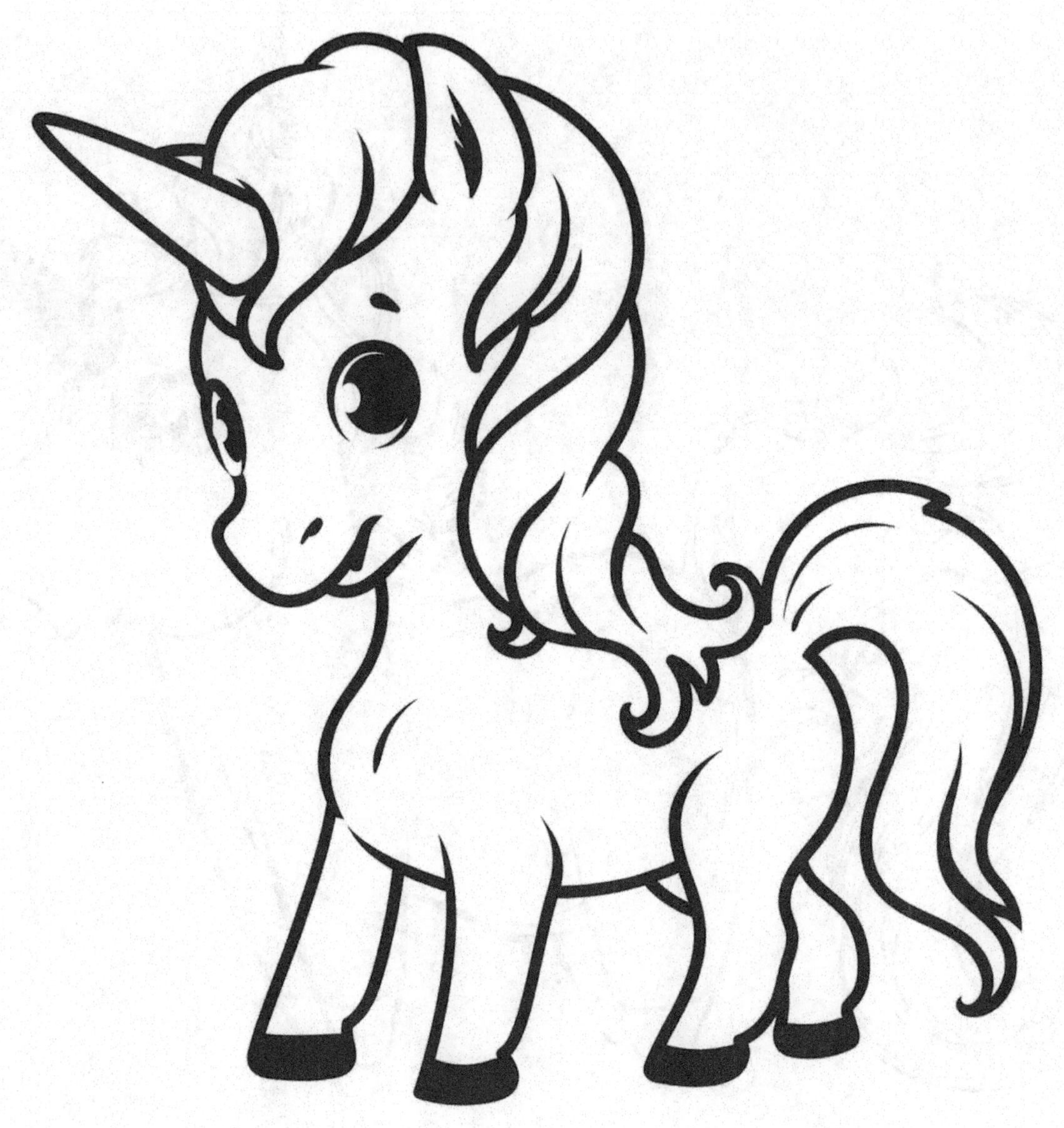